La guía de Rourke para los símbolos de los estados

The Rourke Guide to State Symbols

Aves

BIRDS

Jason Cooper

Traducido por Blanca Rey

Rourke

Publishing LLC

Vero Beach, Florida 32964

PHOTO CREDITS:
p. 58, 60 © Deborah Allen; p. 6, 8, 9, 12, 13, 16, 18, 21, 22, 25, 26, 31, 34, 35,
36, 38, 43, 47, 49, 50, 51, 56, 57 © Tom Ulrich; p.10, 17 © Gary Kramer; cover,
p. 19, 23, 27, 40, 41, 52, 53, 55 © Tom Vezo; p. 30, 44-46 © Steve Bentsen; p.
42 © Laura Elaine Moore; p. 32, 33, 61 © Cary Given; p. 7, 8, 20, 24, 28, 29, 50,
54, 59 © Lynn M. Stone; p.48 courtesy Rhode Island Tourism Division;
p. 14 courtesy Delaware Department of Tourism

COVER ART: James Spence

EDITORIAL SERVICES:
Versal Editorial Group
www.versalgroup.com

Library of Congress Cataloging-in-Publication Data

Cooper, Jason, 1942 -
    Birds / Jason Cooper.
       p. cm. — (La guía de Rourke para los símbolos de los estados)
    Includes index.
    Summary: Describes the different birds that have been chosen by the fifty
    states and the District of Columbia to represent them.
    ISBN 1-58952-396-2
    1. State birds—United States—Juvenile literature. [1. State birds. 2. Birds.
    3. Emblems, State.]
I. Title II. Series: Cooper, Jason, 1942 -   The Rourke guide to state symbols.
QL682.C67 1997
598' .0973—dc21   97–16920
                                                                        CIP
                                                                        AC

Printed in the USA

Contenido/Contents

Introducción

Estados Unidos eligió al águila calva, una imponente ave de presa, como su ave nacional a finales del siglo XVIII. Años después, en 1926, Kentucky fue el primer estado en elegir un ave estatal, el cardenal. Desde entonces todos los demás 49 estados y el Distrito de Columbia han elegido un ave estatal. Sin embargo, ninguno escogió un ave de presa. Cuarenta estados eligieron pequeños pájaros de canto, algunos escogieron aves acuáticas y aves de presa, mientras que dos estados (Rhode Island y Delaware) optaron por aves de corral (la gallina roja y la gallina azul).

A los estados les gusta hacer alarde de las cosas que los hacen diferentes. Pero en lo que se refiere a las aves, muchos estados se han conformado con seguir el ejemplo de los demás. Los pájaros más populares fueron el petirrojo o cardenal, el sinsonte y el sabanero; juntos representan a 18 estados.

La mayoría de las aves no son "leales" a un solo estado. Muchas veces viajan grandes distancias. Una excepción es el nene, o ganso hawaiano. Esta ave se encuentra solamente en las islas de Hawai y Maui.

Muchas de las aves fueron elegidas por su alegre canto o por sus brillantes colores. Otros, como el carbonero de capucha negra, se han convertido en favoritos porque visitan los comederos para pájaros, o por tener algún lazo con la historia del estado.

De las 600 especies de aves silvestres que viven en Estados Unidos, 27 tipos representan los estados y el Distrito de Columbia. El águila calva, junto con estas aves así honradas, nos recuerdan que todas las aves son criaturas bellas y fascinantes.

Introduction

America chose the bald eagle, a large, powerful bird of prey, as its national bird in the late 1700's. Years later (1926) Kentucky, first to choose a state bird, chose the cardinal. Since then all the other 49 states and the District of Columbia have chosen state birds. None of the choices were birds of prey, however. Small songbirds were selected by forty states, along with a few game birds and waterfowl, while two states (Rhode Island and Delaware) chose barnyard birds (red hen and blue hen).

States brag about the things that set them apart from each other. Where state birds are concerned, though, many states have been content to follow the lead of others. The redbird, or cardinal, mockingbird, and western meadowlark were the most popular choices, together representing 18 states.

Most birds are not "loyal" to one state. They often travel great distances. An exception is Hawaii's state bird, the nene (nay-nay), or Hawaiian goose. This rare bird is found nowhere but Hawaii and Maui.

Many birds were chosen for their lilting voice or brilliant colors. Others, like the black-capped chickadee, have become favorites by visiting home feeders, or by having some special link with a state's history.

Of the 600 species of wild birds living in the United States, 27 kinds represent states and the District of Columbia. These honored birds, plus the American eagle, remind us that all birds are beautiful and fascinating creatures.

ALABAMA

Common Flicker (Yellowhammer)
Carpintero amarillo

Nombre científico/Scientific Name: Colaptes auratus
Tamaño/Length: 12–14 pulgadas/inches (30–35 centímetros/centimeters)
Año en que se adoptó como ave estatal/Year Made State Bird: 1927

El ave estatal de Alabama es un pájaro carpintero, pese a llevar el nombre de "flicker"(parpadeo). A diferencia de la mayoría de los pájaros carpinteros que se alimentan sobre la corteza de los árboles, ellos comen sobre el suelo. Las hormigas son su comida favorita.

Los residentes de Alabama de antaño decían que el copete gris del pájaro les recordaba al uniforme que los soldados confederados llevaron durante la Guerra Civil americana.

La parte interna de sus alas son de un amarillo brillante y se ve fácilmente cuando el pájaro vuela.

Despite the name "flicker" Alabama's state bird is a woodpecker. Unlike most woodpeckers, however, flickers often feed on the ground instead of on tree trunks. Ants are a favorite food of flickers.

Old-time Alabamans said the flicker's gray cap reminded them of the state's Confederate soldiers in uniform during the American Civil War.

The underside of the flicker's wings, easily seen when the bird flies, are bright yellow.

ALASKA

Willow Ptarmigan
Lagópodo escandinavo

Nombre científico/Scientific Name: Lagopus lagopus
Tamaño/Length: 16 pulgadas/inches (40 centímetros/centimeters)
Año adoptado como ave estatal/Year Made State Bird: 1955

El lagópodo escandinavo, el ave estatal de Alaska, es una regordeta ave de caza, de mirada vivaracha y con un grito resonante. Pertenece a la familia de los Phasianidae, como la perdiz o la bonasa de Pennsylvania (ver pág. 47).

Sobrevive a los inviernos helados y nevados de Alaska al cavar una madriguera bajo la nieve, donde se alimenta de semillas y bayas.

Los lagópodos son de color café en el verano y se esconden fácilmente en de su entorno; logran esto también en el invierno, al tornarse blancas sus plumas.

Alaska's state bird, the willow ptarmigan, is a plump, bright-eyed game bird with a loud, clattering call. The ptarmigan belongs to the grouse family, like Pennsylvania's ruffed grouse, or partridge (see p. 47).

Willow ptarmigan survive Alaska's cold, snowy winters by burrowing under snow and eating seeds and berries.

Ptarmigan are brownish in summer and hide easily in their surroundings. In winter they also blend into their surroundings —by turning white!

ARIZONA
CACTUS WREN
REYEZUELO (MATRACA) DEL DESIERTO

Nombre científico/Scientific Name: Campylorhynchus brunneicapillus
Tamaño/Length: 7–8 1/2 pulgadas/inches (18–21 centímetros/centimeters)
Año adoptado como ave estatal/Year Made State Bird: 1931

El reyezuelo del desierto de Arizona es el más grande de Norteamérica. Este reyezuelo salta con facilidad entre las espinas de los cactos sin lastimarse.

Construye varios nidos entre las espinosas plantas de Arizona. Cada nido tiene un túnel de entrada. A diferencia de la mayoría de los pájaros, utiliza más de un nido durante el año.

Arizona's cactus wren is the largest American wren. The cactus wren easily tiptoes among the cacti without getting speared.

The cactus wren builds several nests in the thorny plants of Arizona. Each nest has a tunnel-like entrance. Unlike most birds, the cactus wren uses one or more of its nests year round.

ARKANSAS
MOCKINGBIRD
SINSONTE

Nombre científico/Scientific Name: Mimus polyglottos
Tamaño/Length: 9–11 pulgadas/inches (23–28 centímetros/centimeters)
Año adoptado como ave estatal/Year Made State Bird: 1929

Arkansas fue el tercer estado en adoptar al sinsonte como su ave estatal. Hay sinsontes en casi todo el este de los Estados Unidos, pero son más comunes en el Sureste.

El sinsonte esta emparentado con los cuitlacoches y los maulladores (especies de sinsontes). Como ave de canto, pertenece a una categoría aparte. Las personas aman su canto musical y su habilidad de imitar a otros pájaros.

Este pájaro también es el símbolo de Florida, pág. 15; Mississippi, pág. 30; Tennessee, pág. 51 y Texas, pág. 52.

Arkansas was the third of five southern states that chose the mockingbird as its state bird. The mockingbird is found throughout much of the eastern United States, but it is most common in the Southeast.

The mockingbird is related to the thrashers and catbird. As a singer, though, the mockingbird is in a class by itself. People love the mocker's music and ability to imitate other birds.

This bird is also the symbol of Florida, p. 15; Mississippi, p. 30; Tennessee, p. 51; and Texas, p. 52.

CALIFORNIA

CODORNIZ DE CALIFORNIA

CALIFORNIA QUAIL

Nombre científico/Scientific Name: Callipepla californica
Tamaño/Length: 10 1/2 pulgadas/inches (27 centímetros/centimeters)
Año adoptado como ave estatal/Year Made State Bird: 1931

La codorniz de California es un ave muy popular entre los observadores de pájaros y los cazadores por igual. Los machos en especial son muy atractivos, con sus penachos de largas plumas y borde blanco.

Las codornices viajan en parvadas. Se alimentan sobre el suelo y prefieren caminar o correr a volar. Cuando se asustan, despegan en un vuelo rápido de poca altura con un aleteo estruendoso.

Viven principalmente en regiones de matorral, aunque en verano las parvadas de codornices llegan hasta laderas montañosas de 5,000 pies (1,524 metros) sobre el nivel del mar.

California quail are popular with California birdwatchers and bird hunters alike. The males are particularly handsome with their long head plumes and white trim.

Quail travel in flocks. They feed on the ground, and they prefer to walk or run rather than fly. When frightened, they take off in low, fast flight with a loud whirring of wings.

California quail live mostly in low, brushy country. In summer, though, flocks of quail move onto mountain slopes as high as 5,000 feet (1,524 meters) above sea level.

COLORADO
LARK BUNTING
GORRIÓN CAÑERO

Nombre científico/Scientific Name: Calamospiza melanocorys
Tamaño/Length: 7 pulgadas/inches (18 centímetros/centimeters)
Año adoptado como ave estatal/Year Made State Bird: 1931

Al gorrión cañero también se le conoce como "gorrión alondra", porque su canto recuerda el dulce trino de las alondras.

El gorrión cañero es un miembro de la familia de los gorriones. Las plumas de la hembra del gorrión cañero, jaspeadas de marrón, se parecen mucho a las del gorrión común. Su compañero, sin embargo, luce llamativas plumas negras y blancas durante la primavera y el verano.

A finales de otoño, cuando los gorriones cañeros vuelan hacia las regiones más cálidas del sur, las plumas negras del macho se tornan color marrón.

Lark bunting is named for its song, which reminds listeners of the clear, sweet song of larks.

Buntings are members of the sparrow family. The female lark bunting's brown-striped feathers are much like a sparrow's. Her mate, however, is boldly marked in black and white during the spring and summer.

In late fall, when lark buntings fly south from Colorado to warmer regions, the male's black feathers are replaced by brown ones.

CONNECTICUT

AMERICAN ROBIN
MIRLO PRIMAVERA

Nombre científico/Scientific Name: Turdus migratorius
Tamaño/Length: 9–11 pulgadas/inches (23–28 centímetros/centimeters)
Año adoptado como ave estatal/Year Made State Bird: 1943

El mirlo primavera es uno de los pájaros más estimados y conocidos de Norteamérica.

Los alegres trinos de los mirlos anuncian cada marzo la llegada de la primavera en el Norte. En octubre, los mirlos vuelan hacia el sur, señalando el comienzo del otoño.

Este pájaro también es el símbolo de Michigan, pág. 28 y Wisconsin pág. 60.

The American robin is one of the most familiar and loved of all American birds.

Each March the cheery calls of robins announce the beginning of spring in the North. In October, robins fly south, marking the start of autumn.

This bird is also the symbol of Michigan, p. 28; and Wisconsin, p. 60.

DELAWARE

BLUE HEN (OLD ENGLISH GAME HEN)
GALLINA AZUL (GALLO DE PELEA VIEJO INGLÉS)

Nombre científico/Scientific Name: Gallus domesticus
Peso/Weight: 4–5 libras/pounds (1.8–2.3 kilos/kilograms)
Año adoptado como ave estatal/Year Made State Bird: 1939

La "gallina azul" es una variedad azulada del gallo de pelea Viejo inglés. Esta raza se desarrolló para pelear. En la época colonial de Norteamérica, las peleas de gallos fueron un deporte común. La resistencia y el valor de los hombres de Delaware que lucharon contra los soldados ingleses, fueron comparados con estos gallos de pelea.

Aun en Delaware hay muy pocas personas que crían esta variedad de gallinas. Las peleas de gallos son ilegales hoy en día, pero a veces se utiliza esta raza en exhibiciones.

The "blue hen" is a bluish variety of the Old English game hen. This bird is a breed of chicken developed for fighting. Fights between the fearless roosters of the breed were common "sport" in Colonial America. The toughness and courage of Delaware's fighting men against British soldiers were compared to that of the fighting roosters.

Very few people raise the blue variety of game hen, even in Delaware. Rooster fights are illegal now, but the game hens are sometimes still used for show.

FLORIDA

MOCKINGBIRD
SINSONTE

Nombre científico/Scientific Name: Mimus polyglottos
Tamaño/Length: 9–11 pulgadas/inches (23–28 centímetros/centimeters)
Año adoptado como ave estatal/Year Made State Bird: 1927

En 1927, Florida se convirtió en el primero de los cinco estados que adoptaron al sinsonte como su ave estatal.

El sinsonte es bien conocido en Florida, como en otras partes, por su habilidad de imitar o copiar el canto de otras aves. Sin embargo la mayor parte de su canto es propio.

Este pájaro también es el símbolo de Arkansas, pág. 9; Mississippi, pág. 30; Tennessee, pág. 51 y Texas, pág. 52.

Florida, in 1927, became the first of five states to name the mockingbird as its state bird.

The mockingbird is famous in Florida, and elsewhere, for its ability to mimic, or copy, the songs of other birds. Most of the mockingbird's music, however, is its own.

This bird is also the symbol of Arkansas, p. 9; Mississippi, p. 30; Tennessee, p. 51; and Texas, p. 52.

GEORGIA

BROWN THRASHER
SINSONTE COLORADO (CUITLACOCHE ROJIZO)

Nombre científico/Scientific Name: Toxostoma rufum
Tamaño/Length: 11 1/2 pulgadas/inches (29 centímetros/centimeters)
Año adoptado como ave estatal/Year Made State Bird: 1970

Un excelente cantor, el sinsonte colorado es primo del sinsonte.

Como tiene la cola y espalda color marrón, se oculta fácilmente entre la maleza y las hojas secas, donde caza insectos.

El sinsonte colorado tiene la tendencia de escarbar entre las hojas cuando caza, aventándolas. Puede ser que por eso recibe el nombre en inglés de "thrasher" (agitador).

A cousin of the mockingbird, the brown thrasher, too, is a fine songster.

With its mostly brown back and tail, the brown thrasher hides easily among dry leaves and undergrowth where it hunts insects.

The brown thrasher tends to scatter leaves about as it hunts. That habit may be the reason it earned the name "thrasher".

HAWAIIAN GOOSE (NENE)
GANSO HAWAIANO (NENE)

Nombre científico/Scientific Name: Branta sandvicensis
Tamaño/Length: 22–28 pulgadas/inches (56–71 centímetros/centimeters)
Año adoptado como ave estatal/Year Made State Bird: 1957

El ave estatal de Hawai es una de las aves más raras del mundo. Solo unos pocos cientos de gansos hawaianos viven en estado silvestre.

Casi se acabaron por ser tan mansos. Cuando los soldados ingleses llegaron por primera vez a Hawai, mataron a muchísimos gansos para alimentarse. Los gatos, perros, cerdos y las mangostas han sido los enemigos más peligrosos del ganso.

Rara vez nadan los gansos hawaianos. En su hábitat de amplios pastizales sobre las laderas volcánicas casi no hay agua. Reciben humedad de las plantas que consumen.

Hawaii's state bird is one of the rarest birds in the world. Only a few hundred Hawaiian geese survive in the wild.

The Hawaiian goose's tameness nearly caused its extinction. When British sailors first reached Hawaii more than 200 years ago, they slaughtered the geese for food. More recently, free-roaming cats, dogs, pigs, and mongooses have been the bird's greatest enemies.

Hawaiian geese seldom swim. Their open, grassy habitat on volcanic slopes is nearly water-free. The geese take moisture from the plants they eat.

MOUNTAIN BLUEBIRD
AZULEJO PÁLIDO

Nombre científico/Scientific Name: Sialia currucoides
Tamaño/Length: 7 pulgadas/inches (18 centímetros/centimeters)
Año adoptado como ave estatal/Year Made State Bird: 1931

El azulejo pálido macho es muy hermoso durante la primavera y el verano. Tiene más plumaje azul que su primo del este, el azulejo garganta canela.

Hace su nido en los huecos de los árboles, hechos por pájaros carpinteros. Los admiradores del azulejo pálido lo atraen fácilmente a sus pajareras para alimentarlos.

Este pájaro también es el símbolo de Nevada, pág. 34.

The male mountain bluebird is a blue beauty during the spring and summer. It is more completely feathered in blue than its cousin, the eastern bluebird.

The mountain bluebird nests in tree hollows, often using a hole hammered out by a woodpecker. Western bluebird lovers can often attract the mountain bluebird to their birdhouses.

This bird is also the symbol of Nevada, p. 34.

CARDINAL
CARDENAL

Nombre científico/Scientific Name: Cardinalis cardinalis
Tamaño/Length: 7 1/2–9 pulgadas/inches (19–23 centímetros/centimeters)
Año adoptado como ave estatal/Year Made State Bird: 1929

Illinois es uno de los seis estados que han elegido al cardenal como su pájaro representativo.

El cardenal macho es uno de la aves de canto más hermosas de Norteamérica. Su porte gallardo, plumas rojas y "bigote" negro lo hacen inconfundible.

Tanto las hembras como los machos cantan al acercarse la época de anidar.

Este pájaro también es el símbolo de Indiana, pág. 20; Kentucky, pág. 23; Carolina del Norte, pág. 42; Ohio, pág. 44; Virginia, pág. 56 y West Virginia, pág. 59.

Illinois is one of six states to choose the beloved cardinal as its state bird.

The male cardinal is one of the most beautiful of North American song birds. Its red feathers, black "mustache," and perky crest make the familiar redbird unmistakable.

Both male and female cardinals sing as nesting time approaches.

This bird is also the symbol of Indiana, p. 20; Kentucky, p. 23; North Carolina, p. 42; Ohio, p. 44; Virginia, p. 56; and West Virginia, p. 59.

INDIANA

CARDINAL
CARDENAL

Nombre científico/Scientific Name: Cardinalis cardinalis
Tamaño/Length: 7 1/2–9 pulgadas/inches (19–23 centímetros/centimeters)
Año adoptado como ave estatal/Year Made State Bird: 1933

Las primaveras de Indiana son más alegres por la presencia de su ave estatal, el cardenal. Todos disfrutan del destellar rojo que deja el cardenal macho a su paso. El claro trinar de esta ave —juit, juit, juit, chier, chier, chier— es un gozo escuchar.

Este pájaro también es el símbolo de Illinois, pág. 19; Kentucky, pág. 23; Carolina del Norte, pág. 42; Ohio, pág. 44; Virginia, pág. 56 y West Virginia, pág. 59.

Indiana springs are made brighter each year by the state bird—the northern cardinal. Everyone enjoys the bright flash of red wherever the male cardinal goes. The cardinal's clear spring whistle —whoit, whoit, whoit, cheer, cheer, cheer— is also delightful.

This bird is also the symbol of Illinois, p. 19; Kentucky, p. 23; North Carolina, p. 42; Ohio, p. 44; Virginia, p. 56 and West Virginia, p. 59.

IOWA

AMERICAN GOLDFINCH
JILGUERO CANARIO

Nombre científico/Scientific Name: Carduelis tristis
Tamaño/Length: 5 pulgadas/inches (13 centímetros/centimeters)
Año adoptado como ave estatal/Year Made State Bird: 1933

El jilguero canario es el "canario silvestre" o "pájaro amarillo" de Norteamérica. La hembra tiene un color más bien verde olivo que amarillo. El macho porta un hermoso plumaje negro y amarillo durante el verano. Este se torna café y amarillo opaco en el otoño.

El jilguero canario se encuentra en todos los estados continentales de Estados Unidos.

Este pájaro también es el símbolo de Nueva Jersey, pág. 36 y Washington, pág. 57.

The goldfinch is America's "wild canary" or "yellowbird." The female goldfinch is more olive-colored, though, than yellow. The male goldfinch wears strikingly handsome yellow and black plumage in summer. In autumn, the male's feathers fade to dull yellow and brown.

The goldfinch live throughout the 48 mainland states.

This bird is also the symbol of New Jersey, p. 36; and Washington, p. 57.

KANSAS
WESTERN MEADOWLARK
SABANERO

Nombre científico/Scientific Name: Sturnella neglecta
Tamaño/Length: 9 pulgadas/inches (23 centímetros/centimeters)
Año adoptado como ave estatal/Year Made State Bird: 1937

Los sabaneros son verdaderas aves de campo y pradera. Es el pájaro estatal de Kansas, como lo es de cinco estados más. Vive por todo el oeste del país y por el este llega hasta Indiana, Kentucky, Tennessee, Alabama y el norte de Florida.

Frecuentemente se percha sobre cercas o setos y gorgoritea su claro y aflautado canto.

Este pájaro también es el símbolo de Montana, pág. 32; Nebraska, pág. 33; Dakota del Norte, pág. 43; Oregón, pág. 46 y Wyoming, pág. 61.

Meadowlarks are truly birds of field and meadow. The western meadowlark, the state bird of Kansas and five other states, lives throughout the western U.S. and eastward into Indiana, Kentucky, Tennessee, Alabama, and the Florida panhandle.

The western meadowlark often perches on fence posts and warbles its song in a clear, flutelike voice.

This bird is also the symbol of Montana, p. 32; Nebraska, p. 33; North Dakota, p. 43; Oregon, p. 46; and Wyoming, p. 61.

KENTUCKY

CARDINAL
CARDENAL

Nombre científico/Scientific Name: Cardinalis cardinalis
Tamaño/Length: 7 1/2–9 pulgadas/inches (19–23 centímetros/centimeters)
Año adoptado como ave estatal/Year Made State Bird: 1926

Kentucky fue el primer estado, en 1926, en escoger al cardenal rojo como su ave estatal. Durante los siguientes 24 años, seis estados más lo adoptaron como su pájaro oficial.

Rara vez se ve al vistoso macho sin su pareja de plumaje gris. Aún en el invierno se ven juntos con frecuencia.

Este pájaro también es el símbolo de Illinois pág. 19; Indiana, pág. 20; Carolina del Norte, pág. 42; Ohio, pág. 44; Virginia, pág. 56 y West Virginia, pág. 59.

In 1926, Kentucky was the first state to choose the cardinal as its state bird. Over the next 24 years, six more states made the cardinal their official state bird.

The bright male cardinal is rarely seen without its gray-feathered mate. Even during the winter months, pairs of cardinals are often seen together.

This bird is also the symbol of Illinois, p. 19; Indiana, p. 20; North Carolina, p. 42; Ohio, p. 44; Virginia, p. 56; and West Virginia, p. 59.

LOUISIANA

BROWN PELICAN
PELÍCANO

Nombre científico/Scientific Name: Pelecanus occidentalis
Tamaño/Length: 50 pulgadas/inches (127 centímetros/centimeters)
Año adoptado como ave estatal/Year Made State Bird: 1966

El pelícano de Louisiana es el más grande de todas las aves estatales. Es también el único que es pescador.

El pelícano se alimenta de pescado. Frecuentemente se lanza de clavado al mar para cazar su presa.

Los pelícanos viven por las costas de Louisiana y de otros estados del sur. Estas aves están creciendo en gran cantidad después de casi desaparecer del estado durante las décadas de 1960 y 1970. Los pelícanos se estaban envenenando por el DDT, una sustancia química que contaminaba el agua del mar.

Louisiana's state bird, the brown pelican, is the largest of the official state birds. It's also the only one that's a feathered fisherman.

Brown pelicans live on a fish diet. They often dive headlong into the ocean for their prey.

Brown pelicans live along the coasts of Louisiana and other southern states. Brown pelicans are returning to Louisiana in great numbers after nearly disappearing from the state in the 1960's and 1970's. The pelicans were being poisoned by DDT, a chemical that washed into the sea.

MAINE

BLACK-CAPPED CHICKADEE
CARBONERO DE CAPUCHA NEGRA

Nombre científico/Scientific Name: Parus atricapillus
Tamaño/Length: 4 3/4–5 3/4 pulgadas/inches (12–14 centímetros/centimeters)
Año adoptado como ave estatal/Year Made State Bird: 1927

El carbonero de capucha negra es un pájaro amistoso y dócil. Es uno de los pájaros favoritos de los comederos para aves durante el invierno en Maine, los estados del norte y a lo ancho de Canadá. A los carboneros de capucha negra les encantan las semillas de girasol y el "suet", un cereal hecho a base de granos y sebo.

Un pariente cercano de este carbonero, el carbonero boreal, también vive en Maine. Su copete, espalda y lados son de color café.

Este pájaro también es el símbolo de Massachusetts, pág. 27.

The little black-capped chickadee is tame and trusting. It's a favorite bird at winter feeders in Maine and across Canada and the northern United States. Black-capped chickadees love suet and sunflower seeds.

The black-capped chickadee's close cousin, the boreal chickadee, also lives in Maine. Its cap, back, and sides are brown.

This bird is also the symbol of Massachusetts, p. 27.

MARYLAND

Northern Oriole (Baltimore Oriole)
Bolsero del norte (Bolsero de Baltimore)

Nombre científico/Scientific Name: Icterus galbula
Tamaño/Length: 7–8 pulgadas/inches (18–20 centímetros/centimeters)
Año adoptado como ave estatal/Year Made State Bird: 1947

El bolsero del norte macho, conocido como bolsero de Baltimore en el Este, es de vívidos colores. Son los mismos colores de la familia Baltimore, que colonizó Maryland. Por un tiempo fue conocido por los colonos como el "pájaro Baltimore".

También era conocido durante los primeros años de Estados Unidos como el pájaro del "nido prendido colgante". Esto se refería al nido del bolsero, que tiene forma de bolsa.

The male northern oriole, often called the Baltimore oriole in the East, is a brilliantly colored bird. Its colors matched the family colors of the Baltimore family, who colonized Maryland. For some time, the Colonists knew the oriole as "Baltimore-bird".

The oriole was also known in the early days of America as the "fiery hang nest." The words "hang nest" referred to the oriole's baglike nest.

MASSACHUSETTS
BLACK-CAPPED CHICKADEE
CARBONERO DE CAPUCHA NEGRA

Nombre científico/Scientific Name: Parus atricapillus
Tamaño/Length: 4 3/4–5 3/4 pulgadas/inches (12–14 centímetros/centimeters)
Año adoptado como ave estatal/Year Made State Bird: 1941

El pájaro estatal de Massachusetts y de Maine (pág. 25), es un acróbata con alas. Puede encontrar insectos en la parte inferior de las ramas al colgarse boca abajo.

Se llama "black-capped chickadee" en inglés, por su copete negro y por su canto: chi-ca-da-da-da.

The black-capped chickadee, the state bird of both Maine (p. 25) and Massachusetts, is something of an acrobat with wings. Because it can grip a branch while upside down, it finds insects even on the underside of branches.

The chickadee was named for its dark cap and call: chick-a-dee-dee-dee.

Nombre científico/Scientific Name: Turdus migratorius
Tamaño/Length: 9–11 pulgadas/inches (23–28 centímetros/centimeters)
Año adoptado como ave estatal/Year Made State Bird: 1931

Es común ver la pechera rojiza del mirlo primavera en los jardines de Michigan. Les encantan las lombrices de tierra y larvas de gusanos, que extraen de por debajo del césped. Los mirlos también comen bayas, y les gustan en especial las cerezas.

Este pájaro también es el símbolo de Connecticut, pág. 13 y Wisconsin, pág. 60.

The robin's brick-red vest is a familiar sight on Michigan lawns. Robins love earthworms and grubs, which they pluck from beneath the grass. Robins also eat berries, and they are especially fond of cherries.

This bird is also the symbol of Connecticut, p. 13; and Wisconsin, p. 60.

MINNESOTA
COMMON LOON
COLIMBO GRANDE

Nombre científico/Scientific Name: Gavia immer
Tamaño/Length: 28–36 pulgadas/inches (70–90 centímetros/centimeters)
Año adoptado como ave estatal/Year Made State Bird: 1961

Minnesota es un estado con varios miles de lagos. No es de extrañarse que haya elegido al hermoso colimbo grande como su ave estatal.

En el verano durante la época de anidar, el colimbo grande es un ave de los lagos. Cada pareja de colimbos grandes "reclama" un lago o parte de uno como su territorio, y lo defienden de los demás. Construyen nidos sobre las laderas de los lagos y alimentan a sus crías con los peces que atrapan al sumergirse en el agua.

El grito sobrecojedor y penetrante del colimbo grande es la música veraniega de los lagos de Minnesota.

Minnesota is a state with several thousand lakes. No wonder it made the handsome common loon its state bird!

During the summer nesting season, the loon is a lake bird. Each pair of loons "claims" a lake, or large section of it, and defends it against other loons. The loons build a lakeshore nest and raise their chicks on fish they catch by diving.

The loon's wild, haunting cry is summer music in Minnesota's lake country.

MISSISSIPPI

MOCKINGBIRD

SINSONTE

Nombre científico/Scientific Name: Mimus polyglottos
Tamaño/Length: 9–11 pulgadas/inches (23–28 centímetros/centimeters)
Año adoptado como ave estatal/Year Made State Bird: 1944

Mississippi fue el último de los cinco estados que adoptaron al sinsonte como su ave estatal.

Los sinsontes se sienten a sus anchas entre casas y jardines. Hasta la noche se oyen sus cantos y vuelven a comenzar antes del amanecer.

Este pájaro también es el símbolo de Arkansas, pág. 9; Florida, pág. 15; Tennessee, pág. 51 y Texas, pág. 52.

Mississippi was the last of five states to make the mockingbird its state bird.

Mockingbirds are quite at home among houses and yards. Their singing often lasts well into the night and begins again before dawn.

This bird is also the symbol of Arkansas, p. 9; Florida, p. 15; Tennessee, p. 51; and Texas, p. 52.

MISSOURI
EASTERN BLUEBIRD
AZULEJO GARGANTA CANELA

Nombre científico/Scientific Name: Sialia sialis
Tamaño/Length: 7 pulgadas/inches (18 centímetros/centimeters)
Año adoptado como ave estatal/Year Made State Bird: 1927

Con su hermosa voz y aún más hermoso plumaje, el azulejo garganta canela es un pájaro favorito dondequiera que vaya. Ha sido el ave oficial de Missouri desde 1927.

Al azulejo garganta canela le gustan los árboles a los lados del camino, de los huertos y los lugares boscosos. Hace sus nidos en viejos agujeros de pájaros carpinteros y en pajareras.

Este pájaro también es el símbolo de Nueva York, pág. 40.

With a pretty voice and even prettier plumage, the eastern bluebird is a favorite wherever it lives. It has been Missouri's official state bird since 1927.

The bluebird likes roadside trees, orchards, and open woodlands. It nests in old woodpecker holes in trees and in birdboxes.

This bird is also the symbol of New York, p. 40.

MONTANA
WESTERN MEADOWLARK
SABANERO

Nombre científico/Scientific Name: Sturnella neglecta
Tamaño/Length: 9 pulgadas/inches (23 centímetros/centimeters)
Año adoptado como ave estatal/Year Made State Bird: 1931

En Montana, como en otros estados del Oeste, el sabanero es tan común como el pasto en las llanuras. Casi todas las personas reconocen a este pájaro de alegre cantar con pecho amarillo y franjas negras.

Este pájaro también es el símbolo de Kansas, pág. 22; Nebraska, pág. 33; Dakota del Norte, pág. 43; Oregón, pág. 46 y Wyoming, pág. 61.

In Montana and other Western states, the meadowlark is as familiar as the prairie grass. Just about everyone recognizes this yellow-breasted bird with the black, V-shaped feather vest and cheery song.

This bird is also the symbol of Kansas, p. 22; Nebraska, p. 33; North Dakota, p. 43; Oregon, p. 46; and Wyoming, p. 61.

WESTERN MEADOWLARK
SABANERO

Nombre científico/Scientific Name: Sturnella neglecta
Tamaño/Length: 9 pulgadas/inches (23 centímetros/centimeters)
Año adoptado como ave estatal/Year Made State Bird: 1929

Hay dos tipos de sabaneros que habitan en Nebraska, el del este y el del oeste. El ave oficial es el sabanero del oeste, pero sólo sus cantos facilitan distinguir el uno del otro.

El canto del pájaro del oeste es más intenso y melodioso que el de su primo. Fuera de eso, los dos sabaneros son muy similares.

Este pájaro también es el símbolo de Kansas, pág. 22; Montana, pág. 32; Dakota del Norte, pág. 43; Oregón, pág. 46 y Wyoming, pág. 61.

Two kinds of meadowlarks live in Nebraska—the eastern and the western. The official state bird is the western meadowlark, but they are difficult to tell from the eastern meadowlarks until they sing.

The western bird has a richer, more musical call than its cousin. Otherwise, the two kinds of meadowlarks are very much alike.

This bird is also the symbol of Kansas, p. 22; Montana, p. 32; North Dakota, p. 43; Oregon, p. 46; and Wyoming, p. 61.

NEVADA
MOUNTAIN BLUEBIRD
AZULEJO PÁLIDO

Nombre científico/Scientific Name: Sialia currucoides
Tamaño/Length: 7 pulgadas/inches (18 centímetros/centimeters)
Año adoptado como ave estatal/Year Made State Bird: 1967

El azulejo pálido macho brilla como si fuera una luz de color turquesa. Sin embargo, su pareja es café, con sólo un toque de azul entre sus plumas.

A los azulejos pálidos les gustan las tierras altas. Viven en cordilleras de hasta 10,000 pies (3,048 metros) sobre el nivel del mar.

Los azulejos pálidos viven mucho más allá de las fronteras de Nevada. Se pueden encontrar desde el centro de Alaska al norte, hasta el sur de California al sur y hasta Oklahoma al este.

Este pájaro también es el símbolo de Idaho, pág. 18.

The male mountain bluebird flashes like a turquoise light. Its mate, though, is brown, with just a hint of blue in her plumage.

Mountain bluebirds like high country. They live in mountain ranges up to 10,000 feet (3,048 meters) above sea level.

Mountain bluebirds live far beyond the borders of Nevada. They can be found in North to Central Alaska, south to Southern California, and east into Oklahoma.

This bird is also the symbol of Idaho, p. 18.

NEW HAMPSHIRE

PURPLE FINCH

PINZÓN PURPÚREO

Nombre científico/Scientific Name: Carpodacus purpureus
Tamaño/Length: 5 1/2–6 pulgadas/inches (14–15 centímetros/centimeters)
Año adoptado como ave estatal/Year Made State Bird: 1957

El pinzón purpúreo es un pajarito bien conocido en New Hampshire y por el este de Estados Unidos.

En realidad no son de color púrpura. Los machos tienen un plumaje rojizo, casi rosado. Las hembras son de un color café opaco.

A los pinzones purpúreos les gustan los bosques de hoja perenne. Visitan con frecuencia los comederos para pájaros durante el invierno. Les gustan en especial las semillas de girasol.

The purple finch is a familiar little bird in New Hampshire and throughout much of the eastern United States.

Purple finches are not really purple. The males have some reddish-pink plumage, however. The females are buff-colored and brown.

Purple finches like evergreen forests. During the winter, they are regular visitors to bird feeders. They especially like sunflower seeds.

JILGUERO
CANARIO

AMERICAN
GOLDFINCH

Nombre científico/Scientific Name: Carduelis tristis
Tamaño/Length: 5 pulgadas/inches (13 centímetros/centimeters)
Año adoptado como ave estatal/Year Made State Bird: 1935

A los jilgueros canarios les encanta comer semillas. Sus favoritas son las semillas de cardo. También les gustan las semillas de diente de león, áster y vara de oro.

Los adultos alimentan a sus crías con semillas que ellos han ingerido primero, para convertirlas en "cereal" dentro de sus buches antes de dárselos a comer.

Este pájaro también es el símbolo de Iowa, pág. 21 y Washington, pág. 57.

American goldfinches love to eat seeds. Their favorites are thistle seeds. The goldfinches also like dandelions, aster, and goldenrod seeds.

Adult goldfinches feed their babies a steady diet of seeds, but first the parent swallows the seeds. The seeds soften into a "cereal" in the adult's stomach. Then the adult transfers the food to its nestlings.

This bird is also the symbol of Iowa, p. 21; and Washington, p. 57.

GRAN
CORRECAMINOS

GREATER
ROADRUNNER

Nombre científico/Scientific Name: Geococcyx californianus
Tamaño/Length: 20–24 pulgadas/inches (50–60 centímetros/centimeters)
Año adoptado como ave estatal/Year Made State Bird: 1949

A diferencia de otros pájaros de la familia de los cuclillos, al correcaminos le encanta escabullirse por el suelo. Es verdaderamente, un corredor.

Los correcaminos persiguen culebras y lagartijas, sus presas más frecuentes. No tienen pico de gancho, como el del halcón, pero su pico largo y afilado sirve para pinchar.

Prefieren los terrenos extensos y secos. Se encuentran muy contentos en Nuevo México y por casi todo el Suroeste.

Unlike other members of the cuckoo family, the roadrunner loves to hustle about the ground. It is, indeed, a runner.

Roadrunners chase prey, which is often a snake or lizard. The roadrunner doesn't have a hooked beak, like a hawk, but it does have a long, sharp beak for jabbing.

Roadrunners like dry, open country. They are very much at home in New Mexico and much of the Southwest.

AZULEJO GARGANTA
CANELA

EASTERN
BLUEBIRD

Nombre científico/Scientific Name: Sialia sialis
Tamaño/Length: 7 pulgadas/inches (18 centímetros/centimeters)
Año adoptado como ave estatal/Year Made State Bird: 1970

Nueva York, al convertir al azulejo pálido en su ave oficial, ayudó a concientizar a las personas de los problemas que acechaban a los azulejos. A mediados de la década de 1960, el azulejo había desaparecido de muchos lugares. Los estorninos se estaban adueñando de los huecos para anidar en los árboles. Los productos químicos utilizados para matar insectos afectaban a los azulejos y los mataban.

El azulejo ya está regresando. Muchos insecticidas han sido prohibidos. Además, los esfuerzos para proveer de pajareras a los azulejos lo han ayudado.

Este pájaro también es el símbolo de Missouri, pág. 31.

By making the bluebird its official state bird, New York helped people learn about the bluebird's troubles. By the mid 1960's, the bluebird had disappeared from many places where it had been common. Starlings were taking over nest holes in trees. Chemicals used to kill insects were working their way into the bodies of bluebirds and killing them.

The bluebird is making a comeback. Many insect-killing chemicals have been banned. In addition, efforts to provide birdhouses for bluebirds have helped.

This bird is also the symbol of Missouri, p. 31.

NORTH CAROLINA

CARDINAL
CARDENAL

Nombre científico/Scientific Name: Cardinalis cardinalis
Tamaño/Length: 7 1/2–9 pulgadas/inches (19–23 centímetros/centimeters)
Año adoptado como ave estatal/Year Made State Bird: 1943

El pájaro de Carolina del Norte, el cardenal, se halla contento en varios hábitats. Le gustan los bosques, los arbustos, los matorrales, y las bayas de setos.

Usualmente los cardenales hacen sus nidos en arbustos, matorrales o pequeños árboles. Rara vez se encuentra un nido a más de 10 pies (3 metros) del suelo.

Este pájaro también es el símbolo de Illinois, pág. 19, Indiana, pág. 20; Kentucky, pág. 23; Virginia, pág. 56 y West Virginia, pág. 59.

North Carolina's state bird, the cardinal, is at home in a variety of habitats. It likes open woodlands, backyard shrubs, brush, and the thickets along fence rows.

Cardinals usually nest in bushes, thickets, or small trees. The nest is rarely more than 10 feet (3 meters) above the ground.

This bird is also the symbol of Illinois p. 19; Indiana, p. 20; Kentucky, p. 23; Virginia, p. 56; and West Virginia, p. 59.

NORTH DAKOTA

WESTERN MEADOWLARK
SABANERO

Nombre científico/Scientific Name: Sturnella neglecta
Tamaño/Length: 9 pulgadas/inches (23 centímetros/centimeters)
Año adoptado como ave estatal/Year Made State Bird: 1947

El pájaro de Dakota del Norte, el sabanero, es común en todo el estado. Las praderas y los campos de Dakota del Norte son ideales para este gran cantor.

Son bienvenidos por los granjeros porque ayudan a controlar la población de insectos, que de otra manera perjudicarían las cosechas.

Dakota del Norte fue el sexto estado en adoptar al sabanero como su ave estatal.

Este pájaro también es el símbolo de Kansas, pág. 22; Montana, pág. 32; Nebraska, pág. 33; Oregón, pág. 46 y Wyoming, pág. 61.

North Dakota's state bird, the western meadowlark, is common across the state. The prairies and fields of North Dakota are ideal habitats for this songster.

Farmers welcome western meadowlarks for their help in controlling insects that would otherwise eat crops.

North Dakota was the sixth state to adopt the western meadowlark as its state bird.

This bird is also the symbol of Kansas, p. 22; Montana, p. 32; Nebraska, p. 33; Oregon, p. 46; and Wyoming, p. 61.

OHIO

CARDINAL
CARDENAL

Nombre científico/Scientific Name: Cardinalis cardinalis
Tamaño/Length: 7 1/2–9 pulgadas/inches (19–23 centímetros/centimeters)
Año adoptado como ave estatal/Year Made State Bird: 1929

En Ohio, como en muchos otros estados, los cardenales visitan los comederos para pájaros en el invierno. El aumento en la cantidad de comederos probablemente ha permitido que se extienda el cardenal por los estados del Norte.

Los cardenales se alimentan de una variedad de comidas, pero suelen preferir las semillas de girasol.

Este pájaro también es el símbolo de Illinois, pág. 19, Indiana, pág. 20; Kentucky, pág. 23; Carolina del Norte, pág. 42; Virginia, pág. 56 y West Virginia pág. 59.

In Ohio, as in many other northern states, cardinals are winter visitors to feeders. The growing use of feeders has probably helped the redbird widen its range in the northern states.

Cardinals eat a variety of feeder foods, but they seem to like sunflower seeds best.

This bird is also the symbol of Illinois p. 19; Indiana, p. 20; Kentucky, p. 23 North Carolina, p. 42; Virginia, p. 56; and West Virginia, p. 59.

OKLAHOMA

SCISSOR-TAILED FLYCATCHER
MOSQUERO DE TIJERETA

Nombre científico/Scientific Name: Muscivora forficata
Tamaño/Length: 11–15 pulgadas/inches (28–38 centímetros/centimeters)
Año adoptado como ave estatal/Year Made State Bird: 1951

El hermoso y elegante mosquero de tijereta caza insectos al volar. Generalmente se percha sobre un cable o un poste, y sale disparado cuando pasa algún insecto volando.

Hay muchos tipos de mosqueros en Estados Unidos. El mosquero de tijereta, que recibe su nombre por las largas plumas de su cola, es el mosquero de mayor tamaño que se encuentra con regularidad en el país. El mosquero de tijereta vive al sur de la parte central de Estados Unidos.

The beautiful and graceful scissor-tailed flycatcher catches insects in mid-air. It typically perches on a wire or post, then darts into action when an insect flies near.

Many kinds of flycatchers live in the United States. The scissor-tailed, named for its long tail feathers, is the largest kind found regularly in the United States. The scissor-tailed flycatcher lives in the south central U.S.

OREGON

WESTERN MEADOWLARK
SABANERO

Nombre científico/Scientific Name: Sturnella neglecta
Tamaño/Length: 9 pulgadas/inches (23 centímetros/centimeters)
Año adoptado como ave estatal/Year Made State Bird: 1927

Oregón es un estado de grandes bosques, abruptas costas y escarpadas montañas. Y a la vez es un estado de praderas y vastas granjas. Su ave estatal, el sabanero, encuentra su hogar en estos últimos.

El sabanero hace su nido entre los pastizales y encuentra insectos para alimentarse entre el follaje y la tierra.

Este pájaro también es el símbolo de Kansas, pág. 22; Montana, pág. 32; Nebraska, pág. 33; Dakota del Norte, pág. 43 y Wyoming, pág. 61.

Oregon is a state of great forests, crashing ocean surf, and rugged mountains. It is also a state of plains and open farms. Its state bird, the western meadowlark, is at home in Oregon's fields and on its farms.

The meadowlark nests in the grass and finds bugs to eat in the grassy vegetation and soil.

This bird is also the symbol of Kansas, p. 22; Montana, p. 32; Nebraska, p. 33; North Dakota, p. 43; and Wyoming, p. 61.

PENNSYLVANIA
RUFFED GROUSE (PARTRIDGE)
BONASA AMERICANA (PERDIZ)

Nombre científico/Scientific Name: Bonasa umbellus
Tamaño/Length: 16–19 pulgadas/inches (40–48 centímetros/centimeters)
Año adoptado como ave estatal/Year Made State Bird: 1931

El ave estatal de Pennsylvania, la bonasa americana, es popular como ave de caza en los estados del norte y en Canadá. Cuando se asusta, se lanza al aire con un ruidoso revoloteo.

Es un ave regordeta, parecido al pollo, que pasa gran parte de su vida sobre el suelo. Sus vuelos son bajos, rápidos y cortos.

El macho atrae a las hembras en la primavera, batiendo sus alas para provocar un sonido fuerte, llamado "tamboreo".

La bonasa americana vive entre lo tupido de la maleza en los lugares boscosos.

Pennsylvania's state bird, the ruffed grouse, is a popular game bird in the northern states and Canada. When startled, it bolts upward with a loud whirring of wings.

The grouse is a plump, chickenlike bird that spends much of its life on the ground. Its flights are short, low, and fast.

The male ruffed grouse attracts females each spring by rapidly beating its wings to make a loud rolling sound called "drumming."

Ruffed grouse live in the low, brushy parts of woodlands.

RHODE ISLAND

RHODE ISLAND RED HEN
GALLINA ROJA DE RHODE ISLAND

Nombre científico/Scientific Name: Gallus domesticus
Peso/Weight: 5–8 libras/pounds (2.3–3.6 kilos/kilograms)
Año adoptado como ave estatal/Year Made State Bird: 1954

Los habitantes de Rhode Island están orgullosos de sus gallinas rojas. La gallina roja de Rhode Island es una raza famosa desarrollada en el estado. Los antepasados de estas gallinas fueron cruzados por un avicultor de Rhode Island en 1854.

La nueva raza era mucho mejor de la que existía en la Nueva Inglaterra de aquellos tiempos. La gallina roja era buena tanto por sus huevos como por su carne.

La raza ya no es tan popular como antes entre los granjeros, porque prefieren razas cuyos huevos o cuya carne sea excelente, no ambos.

Rhode Islanders are proud of their red chickens. The Rhode Island Red is a famous breed developed in the state. The ancestors of modern Rhode Island Reds were chickens that a Rhode Island poultry farmer mated in 1854.

The new breed was a big improvement over breeds that existed in New England at that time. The Red was good for both egg-laying and meat.

The breed isn't as popular as it used to be because farmers prefer breeds that are outstanding for meat or eggs, not both.

SOUTH CAROLINA
CAROLINA WREN
RATONA CAROLINENSE

Nombre científico/Scientific Name: Thryothorus ludovicianus
Tamaño/Length: 5 3/4 pulgadas/inches (14 centímetros/centimeters)
Año adoptado como ave estatal/Year Made State Bird: 1948

A la ratona carolinense le encantan los matorrales de los jardines y los arbustos, donde caza insectos. Aunque es el pájaro del estado de Carolina del Norte, vive por todo el Medio Oeste y Este del país.

La ratona carolinense es una gran cantora. Mientras que muchos pájaros dejan de cantar durante los meses de invierno, la ratona carolinense sigue con su alegre trinar: chiripiti, chiripiti, chiripiti.

The Carolina wren loves thickets in yards and brushy areas where it hunts insects. Although it is South Carolina's state bird, it lives throughout the East and Midwest.

The Carolina wren is a singer all through the year. While many kinds of birds stop singing during the cold months, the Carolina wren continues its cheery song: chirpity, chirpity, chirpity.

SOUTH DAKOTA

RING-NECKED PHEASANT

FAISÁN DE COLLAR

Nombre científico/Scientific Name: Phasianus colchicus
Tamaño/Length: 30–36 pulgadas/inches (75–90 centímetros/centimeters)
Año adoptado como ave estatal/Year Made State Bird: 1943

El ave estatal de Dakota del Sur, el faisán de collar, fue desconocida en el estado hasta hace 100 años. En la década de 1890, se importó el faisán de collar a Dakota del Sur y a otros estados desde China.

Los campos de Dakota del Sur son un hogar ideal para esta atractiva ave de caza. Los campos le dan alimento, como el maíz, y las orillas tupidas le permiten ocultarse y tener lugares para anidar.

El faisán de collar ha proliferado en muchos de los estados del norte. Los cazadores de faisanes consideran a Dakota del Sur como el estado con los mejores faisanes de collar.

South Dakota's state bird, the ring-necked pheasant, was unknown in the state until a hundred years ago. In the 1890's, the ring-necked pheasant was imported to South Dakota and other states from China.

The grain fields of South Dakota are ideal homes for this handsome game bird. The fields provide food, like corn, and the brushy edges provide hiding and nesting places.

The ring-neck has done well in many of the northern states. Hunters of this pheasant, one of the most popular game birds in America, consider South Dakota the best ring-neck state.

TENNESSEE

MOCKINGBIRD
SINSONTE

Nombre científico/Scientific Name: Mimus polyglottos
Tamaño/Length: 9–11 pulgadas/inches (23–28 centímetros/centimeters)
Año adoptado como ave estatal/Year Made State Bird: 1933

El sinsonte llamaba la atención mucho antes de que fuera el ave estatal de Tennessee. Hace más de 200 años, los nativos americanos del Sureste lo conocían como el pájaro de "las 400 lenguas". Su nombre científico significa "mímico de varias lenguas" o "imitador."

Este pájaro también es el símbolo de Arkansas, pág. 9; Florida, pág. 15; Mississippi, pág. 30 y Texas, pág. 52.

The mockingbird drew attention long before it became Tennessee's state bird. More than 200 years ago, Native Americans in the Southeast knew the mockingbird as the bird of "four hundred tongues." Its scientific name means "many-tongued mimic" or "imitator."

This bird is also the symbol of Arkansas, p. 9; Florida, p. 15; Mississippi, p. 30; and Texas, p. 52.

TEXAS

SINSONTE   MOCKINGBIRD

Nombre científico/Scientific Name: Mimus polyglottos
Tamaño/Length: 9–11 pulgadas/inches (23–28 centímetros/centimeters)
Año adoptado como ave estatal/Year Made State Bird: 1927

Los habitantes de Texas se sienten orgullosos del tamaño de su estado. Sin embargo, cuando eligieron a su ave estatal en 1927, fue una pequeña, bien conocida por su trino y sus cantos.

El sinsonte imita a otros pájaros. ¡En Boston, uno de estos "burlones" podía imitar el canto de 39 pájaros distintos! Además, podía entonar sus propios cantos.

En el pasado los sinsontes fueron vendidos como pájaros de jaula, por lo hermoso de sus trinos.

Este pájaro también es el símbolo de Arkansas, pág. 9; Florida, pág. 15; Mississippi, pág. 30 y Tennessee, pág. 51.

Texans are proud of their state's great size. When Texans chose a state bird in 1927, though, they chose a small bird, known for its songs and calls.

The mockingbird imitates other birds. A "mocker" in Boston could mimic 39 different bird songs! In addition, it had its own calls.

Mockers were once sold as cage birds because of their delightful songs.

This bird is also the symbol of Arkansas, p. 9; Florida, p. 15; Mississippi, p. 30; and Tennessee, p. 51.

UTAH
CALIFORNIA GULL (SEA GULL)
GAVIOTA CALIFORNIANA

Nombre científico/Scientific Name: Larus californicus
Tamaño/Length: 20–23 pulgadas/inches (50–58 centímetros/centimeters)
Año adoptado como ave estatal/Year Made State Bird: 1955

El pájaro del estado de Utah es la gaviota californiana. Pero en Utah se le conoce sencillamente como "gaviota".

Se le dio el honor de ser el ave de Utah porque ayudó a los pioneros en 1848. Cuando las cosechas de los pioneros estaban amenazadas por enormes ejércitos de saltamontes, miles de gaviotas se lanzaron de picada sobre los saltamontes, obteniendo un gran banquete.

La gaviota californiana anida en Utah. Sin embargo, la mayoría pasa los inviernos en California.

Utah's state bird is the California gull. In Utah, however, it's known simply as the "sea gull."

California gulls were honored as Utah's state bird because they helped Utah pioneers in 1848. When huge armies of grasshoppers threatened to eat all the pioneers' crops, thousands of hungry gulls swooped upon the grasshoppers and feasted.

California gulls nest in Utah. Many of them spend winters on the California coast, however.

VERMONT
HERMIT THRUSH
ZORZAL

Nombre científico/Scientific Name: Catharus guttatus
Tamaño/Length: 7 pulgadas/inches (18 centímetros/centimeters)
Año adoptado como ave estatal/Year Made State Bird: 1941

Durante el verano, cuando hace su nido, el pájaro de Vermont es un verdadero ermitaño. Se esconde para no ser visto, usualmente en los oscuros bosques de siempre verde. El claro trino, como de flautín que se escucha al amanecer y al anochecer, delata la presencia del zorzal.

El zorzal generalmente hace su nido y caza sobre el suelo. Picotea entre las hojas y agujas caídas para encontrar escarabajos, hormigas y gusanos.

During the summer nesting season, Vermont's state bird is a hermit. It hides, usually out of sight, in dark evergreen forests. The bird's clear, flutelike call, heard at dawn and dusk, gives the hermit thrush away.

The hermit thrush usually nests and hunts on the ground. It picks through fallen leaves and needles to find beetles, ants, and caterpillars.

VIRGINIA
CARDINAL
CARDENAL

Nombre científico/Scientific Name: Cardinalis cardinalis
Tamaño/Length: 7 1/2–9 pulgadas/inches (19–23 centímetros/centimeters)
Año adoptado como ave estatal/Year Made State Bird: 1950

Virginia fue el último estado en adoptar al cardenal como su ave.

Hoy el cardenal es un ave protegida en Virginia, como lo es en otros lugares. Fue una vez un pájaro de jaula muy popular. Los machos son muy apreciados por su brillante color y su alegre canto.

Este pájaro también es el símbolo de Illinois, pág. 19; Indiana, pág. 20; Kentucky, pág. 23; Carolina del Norte, pág. 42; Ohio, pág. 44 y West Virginia, pág. 59.

Virginia was the last of seven states that made the cardinal its state bird.

Today the cardinal is protected in Virginia and elsewhere. It was once a popular cage bird, however. The males were prized for their brilliant color and their cheerful song.

This bird is also the symbol of Illinois p. 19 Indiana, p. 20; Kentucky, p. 23; North Carolina, p. 42; Ohio, p. 44; and West Virginia, p. 59.

WASHINGTON
AMERICAN GOLDFINCH (WILLOW GOLDFINCH)
JILGUERO CANARIO

Nombre científico/Scientific Name: Carduelis tristis
Tamaño/Length: 5 pulgadas/inches (13 centímetros/centimeters)
Año adoptado como ave estatal/Year Made State Bird: 1967

Tan extendido esta el área del jilguero canario, que es el ave estatal de estados en ambas costas de Norteamérica. Sobre la costa del Atlántico, Nueva Jersey lo ha elegido y Washington sobre la costa del Pacífico. Iowa también lo ha escogido como su pájaro.

Parvadas de jilgueros canarios pasan por los comederos en el invierno. No son fáciles de identificar en esta época porque sus plumas se han vuelto café, a diferencia del amarillo brillante del verano.

Este pájaro también es el símbolo de Iowa, pág. 21 y Nueva Jersey, pág. 36.

So wide is the American goldfinch's range that it is a state bird on both American shores. New Jersey, on the Atlantic Coast, claims the American goldfinch as a state bird, and Washington on the Pacific Coast. Iowa, too, named the goldfinch its state bird.

Flocks of goldfinches visit feeders in winter. They are not easy to identify because both male and female are wearing brownish winter plumage, instead of summer gold.

This bird is also the symbol of Iowa, p. 21; and New Jersey, p. 36.

WASHINGTON, D.C.

WOOD THRUSH
ZORZAL DE COLA RUFA

Nombre científico/Scientific Name: Hylochichla mustelina
Tamaño/Length: 8 pulgadas/inches (20 centímetros/centimeters)
Año adoptado como ave estatal/Year Made State Bird: 1967

Un poco más pequeño que un mirlo, otro tipo de zorzal, el zorzal de cola rufa es un gran cantor. Por lo general, canta al amanecer y al anochecer. Un macho zorzal de cola rufa puede entonar una melodía ininterrumpida de 10 minutos, como saludo a otro zorzal del bosque.

Los zorzales de cola rufa prefieren los bosques, pero algunas veces entran a pueblos, parques frondosos y jardines. El color café opaco de su espalda y su pecho moteado le permite ocultarse fácilmente entre las hojas oscuras.

Slightly smaller than its cousin the robin, another type of thrush, the wood thrush is a fine singer. It usually sings at dawn and dusk. A male wood thrush may greet another wood thrush with 10 minutes of nonstop melody!

Wood thrushes prefer woodlands, but they sometimes invade towns, wooded parks, and yards. The wood thrush's rusty brown back and spotted breast help it hide easily in dark, leafy habitats.

WEST VIRGINIA

CARDINAL
CARDENAL

Nombre científico/Scientific Name: Cardinalis cardinalis
Tamaño/Length: 7 1/2 9 pulgadas/inches (19–23 centímetros/centimeters)
Año adoptado como ave estatal/Year Made State Bird: 1949

La hembra del cardenal tiene una cresta al igual que su compañero, pero no su brillante colorido. Las hembras tienen el color de un viejo granero rojo, esperando ser pintado de nuevo.

Los cardenales machos son feroces protectores de sus territorios. Aun así, no siempre pueden mantener al margen a los gatos, culebras, búhos y los pájaros garrapateros. Éstos ponen sus huevos en los nidos de otros pájaros. Sus polluelos echan del nido a las crías del pájaro que lo hizo.

Este pájaro también es el símbolo de Illinois, pág. 19, Indiana, pág. 20; Kentucky, pág. 23; Carolina del Norte, pág. 42; Ohio, pág. 44 y Virginia, pág. 56.

A female cardinal, like her mate, has a crest, but not his brilliant color. Female cardinals are more the color of old red barns in need of paint.

A male cardinal is a fierce defender of its territory. Still, his efforts can't always keep away cats, snakes, owls, and cowbirds. Cowbirds lay their eggs in the nests of other birds. The big baby cowbirds crowd out the other bird's nestlings.

This bird is also the symbol of Illinois p. 19; Indiana, p. 20; Kentucky, p. 23 North Carolina, p. 42; Ohio, p. 44; and Virginia, p. 56.

AMERICAN ROBIN
MIRLO PRIMAVERA

Nombre científico/Scientific Name: Turdus migratorius
Tamaño/Length: 9–11 pulgadas/inches (23–28 centímetros/centimeters)
Año adoptado como ave estatal/Year Made State Bird: 1949

El ave estatal de Wisconsin, el mirlo primavera, no tiene ningún problema en vivir cerca de casas y jardines. Eligen árboles pequeños o arbustos para hacer sus nidos de lodo, paja e hilo, muchas veces en los jardines de las casas.

Hoy en día la ley protege al mirlo primavera, pero antes se vendía como carne en los mercados. John James Audubon, un pintor americano de pájaros, escribió en 1841, que los mirlos de invierno eran "gordos y jugosos, y dan una excelente comida".

Este pájaro también es el símbolo de Connecticut, pág. 13 y Michigan, pág. 28.

Wisconsin's state bird, the American robin, has no trouble existing near homes and gardens. They often nest in yards, choosing small trees or shrubs for their nests of mud, straw, and string.

Robins are protected by law today, but in earlier times they were slaughtered for sale in meat markets. John James Audubon, an American artist of birds, wrote in 1841 that winter robins were "fat and juicy, and afford excellent eating."

This bird is also the symbol of Connecticut, p. 13; and Michigan p. 28.

WYOMING

WESTERN MEADOWLARK
SABANERO

Nombre científico/Scientific Name: Sturnella neglecta
Tamaño/Length: 9 pulgadas/inches (23 centímetros/centimeters)
Año adoptado como ave estatal/Year Made State Bird: 1937

El sabanero se puede encontrar en las praderas, en las llanuras de artemisa y los pastizales de las montañas Rocosas del estado de Wyoming. Estos pájaros pueden llegar a vivir en lugares de hasta 12,000 pies (3,658 metros) sobre el nivel del mar, durante el verano.

Parvadas de sabaneros pasan el invierno tan al norte como les sea posible encontrar sitios sin nieve para alimentarse.

Este pájaro también es el símbolo de Kansas, pág. 22; Montana, pág. 32; Nebraska, pág. 33; Dakota del Norte, pág. 43 y Oregón, pág. 46.

The western meadowlark, Wyoming's state bird, can be found in the state's prairies, sagebrush flats, and Rocky Mountain grasslands. In summer these birds live as high as 12,000 feet (3,658 meters) above sea level.

Flocks of meadowlarks spend the winter as far north as they can find snow-free feeding areas.

This bird is also the symbol of Kansas, p. 22; Montana, p. 32; Nebraska, p. 33; North Dakota, p. 43; and Oregon, p. 46.

Index

Índice